T0203535

Papel certificado por el Forest Stewardship Council®

MIXTO
Papel procedente de
fuentes responsables
FSC
www.fsc.org   FSC® C117695

Primera edición en B de Bolsillo: abril de 2020

© 2018, Laura Escanes
© 2018, Helena Saigi Millán, por las ilustraciones,
© 2018, Risto Mejide, por el prólogo
© 2018, 2020, Penguin Random House Grupo Editorial, S. A. U.
Travessera de Gràcia, 47-49. 08021 Barcelona

Printed in Spain – Impreso en España

ISBN: 978-84-1314-194-7
Depósito legal: B-1.711-2020

Impreso en Gómez Aparicio, S. L.
Casarrubuelos (Madrid)

BB 4 1 9 4 7

Penguin
Random House
Grupo Editorial

Piel de letra

LAURA ESCANES

A Risto, por ser mi hogar.

A mi madre, a mi abuela y a mi hermano,
por ser (pase lo que pase) parte de lo que soy.

Índice

Lo que la piel envuelve

(un prólogo de Risto Mejide)

Huesos. Músculos. Órganos. Vísceras. Fibras y fluidos. Unos 5 litros de sangre. Poco más. Y nada menos. Todo eso es lo que la piel envuelve. O mejor dicho, es lo que se puede tocar, pesar, diagnosticar. Porque la piel envuelve muchas más cosas que no se tocan, pero se ven. Cosas que no se miden, pero ahí están.

Para empezar, la piel envuelve la idea de uno mismo. Esa necesaria distancia entre lo que nos hemos dicho que somos y lo que nos han venido diciendo los demás. Una distancia eterna en el caso de quien no tiene amigos y muy corta o casi nula en el caso de quien sí disponga de esos espejos de la verdad.

La piel también envuelve un límite no solo físico, sino también temporal. La necesaria frontera entre el dentro y el fuera, sí. Pero también entre cualquier hecho y tu reacción. Entre el aquí y el ahora. Es la aduana por la que transcurren libremente las cosas que nos agujerean, que nos traspasan. Cosas que, curiosamente, siempre son palabras. Palabras como lo siento. Palabras como te dejo. Palabras como te echo de menos. Palabras como te necesito. Palabras que entran y salen a su antojo cada vez que les da la gana. Palabras que jamás podremos dejar pasar sin declarar. Porque cada vez que las recuperemos, volverán a hacernos bien o volverán a dejarnos fatal. Es el poder de lo atemporal, que tampoco tiene sentido ni orden ni lugar.

Por último, la piel envuelve los dos tesoros más valiosos que tenemos. Dos palabras más. Una es el miedo. La substancia más peligrosa para todos los sueños. Y la otra es la esperanza, de la que está hecha cualquier batalla para hacerlos realidad.

Palabras, matrículas del sentimiento, placas de identificación para todo aquello que nos invade. Por eso escribir es legalizar lo que nos emociona. Darnos licencia para sentir. Hacer que las cosas nos circulen por dentro.

Ojo, que la piel envuelve muchas cosas buenas y alguna no tan buena también. Envuelve prejuicios. Como los que tendrán algunos que jamás te hayan leído. Nada que una buena tarde de lectura no pueda remediar. Envuelve muchas envidias. Como la que sentirá más de uno cuando te lea, lo disfrute y sea incapaz de reconocerlo en sociedad. Y envuelve también algunas críticas que seguramente recibirás por hacer lo que sientes y hacerlo tan de verdad.

Nada de eso debería afectarte. Porque la piel no es impermeable, eso es cierto. Pero al ser un órgano vivo, sabe perfectamente cuándo absorber las letras y cuándo dejarlas resbalar. Y si no sabe, tranquila, que aprenderá.

La piel se te llenará de arrugas. De manchas. De imperfecciones. Y nada ni nadie podrá ni deberá evitarlo. Tu belleza pasará de ser un simple envoltorio a una belleza basada en las cosas que tú dejaste que existieran, todo aquello a lo que tú y nadie más que tú decidiste dar la palabra.

Y este libro será tan solo una muestra más.

Una muestra que, esta sí, quedará.

Uno

Lo que no se ve

Necesito desnudarme. Necesito que contemples todo aquello que no se ve. Lo que no enseño. Porque aunque no lo veas, ahí está. Todas las lágrimas que derramo a escondidas mientras me tapo con las sábanas. O todas las mañanas que desearía no despertar nunca más y quedarme para siempre en la cama protegida. El miedo que me sube desde los pies y que acaba paralizando mi cuerpo y hasta mi mente. Todo eso existe. Todo eso está. Que no se vea no significa que no exista. Y a veces pasa que de tanto esconderlo, llama a la puerta amenazando con salir y hacerse notar.

Esta vez no quiero esconderlo más. Cuando vayas pasando las páginas, vas a ver aquello que jamás viste o escuchaste sobre mí. Entre todas estas palabras se oculta todo eso que no he dejado que se viera nunca. Abre los ojos y léeme bien porque aquí me tienes. Esta soy yo.

Llora

¿Quién dijo que llorar es de débiles? ¿A quién se le ocurrió decir que aguantar las lágrimas es signo de fortaleza? Por Dios, llora.

Llora siempre que puedas. Llora delante de todo el mundo, sin miedo. Llora de felicidad, de rabia, de tristeza y llora por amor. Quiero que veas esas lágrimas recorrer tus mejillas, llegando a tu cuello. No te darás cuenta, pero cuando las contemples, te liberarás de tus miedos.

Llora porque eso significa que has vivido. Llórame a mí y llórate a ti. Mírate al espejo y verás cómo desaparece todo aquello que te causa temor. Emociónate cuando tengas un nudo que te impida tragar saliva y llóralo todo. Libera tus lágrimas y deja que caigan. Permite que se vayan. De lo contrario, llegará un momento en que te inundarás por dentro y tu río interno se desbordará y se lo llevará todo por delante. Incluso aquello que más quieres. Incluso aquello que estabas intentando proteger.

No vuelvas

No vuelvas ahora que ya nos incineraron. No vuelvas ahora que ya todo es ceniza y nos perdemos entre humo y aire. Ahora que ya da igual lo que sienta. Lo que sientas. Demasiado tarde diría yo. Demasiado pronto dirías tú.

Es como si de repente todo lo que éramos ya no es. Todo lo que hubo se lo llevó una ola de lágrimas. Un mar de dudas. Y te pido que ya no vuelvas. No vuelvas porque ya no sirve de nada lo que hagas. Te esperé cuando más caricias necesitaba. Cuando más sedienta estaba. Pero tú, no. Tú, desapareciste. Así que ya no vuelvas, por favor. No vuelvas por todo lo que pudo ser y no fue. Lo que pudo significar y ahora no es nada más que un montón de tachones en una hoja en blanco. Todo lo que pudimos haber volado no sirve de nada ahora que no tenemos impulso. Ya no hay alas que sirvan, no hay viento que nos levante. No hay corriente que nos lleve a la orilla. Ya no.

Ya no me haces falta.

Vuelve

Vuelve. Vuelve antes de que nos quememos. Antes de que todo quede en aire y se vaya volando sin necesidad de tener unas alas. Vuelve ahora que los dos no hacemos más que esperar. Ahora que fuera hace frío y lo que mi piel necesita son caricias de tus labios en mi espalda.

Vuelve ahora o no vuelvas más. Pero vuelve ya. Vuelve, porque los segundos se convierten en minutos y los minutos en horas cuando no estás. Y así voy. Sumando las horas que paso sin ti. Restando los días que faltan para saciarme de tu sabor. Y no sé si te lo he dicho ya, pero vuelve a desnudarme con tus palabras, vuelve a vestirme despacio, que tengo prisa. Vuelve, porque cuantas más veces te lo pido más lejos te siento. Porque esto ya no es una necesidad sino un método de supervivencia.

Me haces falta. Vuelve.

El día que me leas

El día que me leas no sé qué pasará. No sé si te arrepentirás de algo. O no sé si tal vez será cuando recuerdes el porqué de todo lo que pasó. O quién sabe..., tal vez no entiendas nada entre tanta letra. Entre tantas palabras sin sentido. Que sí, ya sé que soy un caos. Que no hay quien pueda entenderme. O sí. No sé.

El día que me leas no sé dónde estaré. Ni dónde estarás. Pero sé que el día que me leas seré feliz. Supongo que después de tanto tiempo en silencio, me habré liberado de lo que había dentro y, de repente, sentiré como si me hubieras escuchado todo este tiempo, como si hubieras estado mirándome por la mirilla mientras te escribía. Supongo que necesitaré saber que has estado leyéndome. Por eso el día que me leas, escríbeme. Estaré esperando un mensaje, una llamada, una nota... Lo que sea. Pero estaré esperándo(te).

Te quiero.

Caos

De repente te veo abrir el libro. Hojear. Sé lo que estás mirando. Ya lo sé..., no hace falta que digas más. Un montón de palabras, algunas sin sentido. Otras bastante borrosas. Yo qué sé. Tal vez hasta estás viendo los tachones y los borradores. Las páginas rotas hechas una pelota. Y luego me ves a mí volviendo a construir todos los pedacitos de las páginas que rompí. Así soy. De las que rompen las cosas cuando no está convencida de ellas. De las que se dejan llevar por los impulsos, aunque algunas veces no sean coherentes.

¿Qué dices? Ah, ya, lo sé. Y lo siento. No quería que sintieras que has estado perdiendo el tiempo, supongo que por eso intento disculparme antes de que me eches la culpa. Pero yo avisé. No todo lo que leas aquí tendrá sentido. Y cuántas otras cosas leeré y pensaré que por qué las dejé escritas. Una de cal y otra de arena. A veces sal y otras tantas azúcar. Me gusta el silencio y otras veces necesito ruido.

Esta soy yo. Caos. El placer es mío.

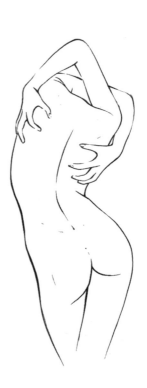

Sin impulso

¿Cuántas veces has estado sin impulso? ¿Cuántas veces has sentido la caída libre como la única forma de seguir? Dime cuántas porque sé que no estoy sola en esto. Ni tú tampoco. Supongo que somos de los que nos dejamos llevar, de los que usan el «vamos viendo» como respuesta a casi todo. Y lo que es peor, a las cosas importantes. Somos de los que tenemos el «lo vemos» en la punta de la lengua, que casi no pensamos en lo que nos han dicho y nos lanzamos. Todo o nada. Al cien por cien. Como si tuviéramos un colchón debajo. Como si se desplegaran las alas de forma automática, o como si tu ángel de la guarda estuviera pendiente de tus caídas. Y no. No siempre es así.

Cuántas veces has pensado que ya saldrás de esa. Que seguro que escaparás. Que de todo se sale. Que no importa cuántas veces te caigas porque siempre te podrás levantar. Yo también he sido de esas. Y sigo siéndolo, para qué engañarte. De las que sin miedo se lanzan, de las que se esperan al último momento y luego corren. Pero, a veces, ya sin impulso. O de las que luego se arrepienten de no haber empezado antes. No haber calentado. Y aquí sigo. Irresponsable, dirán muchos. Yo prefiero imperfecta. Porque sé (y sabes) que hemos empezado tarde, cuando no debíamos. Somos conscientes. Sé que tal vez no podré llegar a la meta final. Pero también sé y reconozco que es parte de mi motor y de lo que es más importante, mi aprendizaje.

Y da igual cuántas veces me haya caído. Por mucho que intente cambiarlo. Por mucho que me impulsen. Voy a mi ritmo.

Para ti

Tú, que vuelas sin saber que estás volando. Que sin querer te alejas con pocas ganas de volver. Tú, que huyes, pero no importan los kilómetros que me separen de tus abrazos. Que sueñas cuando los soñadores ya despertaron. Que vives a tu manera, pero vives. Tú, que cuando parece que vas a caer, coges aire y despegas sin ni siquiera mirar atrás. Porque puedes solo. Sin que te empujen.

Esto es para ti. Por hacerme sentir viva cuando me quedo sin impulso. Por irte, pero nunca desaparecer. Porque de alguna manera siempre has estado. Por aparecer en silencio cuando no quieres que nos vean. Por dejar que me suba a tus pestañas y vea el mundo desde tus ojos. Verdes. Esto es para ti porque todo lo que puedo darte es poco. Por no entender nada de lo que te escriba y aun así sonreír cuando leas esto. Para que nunca desaparezcas del todo. Para que siempre que quieras, vuelvas.

Para ti, ya lo sabes.

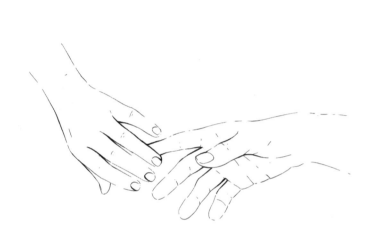

Me dueles

Me dueles cuando callas. Cuando finges saberlo todo porque de repente dejo de sentirte. Me dueles cuando ya no estás. Cuando no tengo apuntada en el calendario la fecha de tu vuelta. Cuando sé que no volverás. Y fingiré cuando me pregunten por nosotros. Por ti. Fingiré con esa sonrisa vacía que tan poco te gusta. Me dueles.

Y el amor no duele, ¿sabes? El amor exprime todo lo que hay sin explorar. Caminos abandonados, de los que te ausentaste tú solo. El amor te revuelve todo y te descubre una y otra vez rincones que no recordabas. Y lo más maravilloso es que no dejas de sorprenderte. Aunque sepas que ya no se puede más. Chas. Ahí estás de nuevo inspirando pureza como si fuera la primera vez que respiras. Y con esto no pretendo abrirte los ojos. Qué va. A veces me gustaría que me los abrieran a mí, así que aquí tienes otro consejo más que no has pedido. De esos que a veces sirven y otras tantas van directos a la basura. Pero eso no me lo negará nadie. Y es que el amor NO duele.

El amor no duele porque el amor es eso, amor. Y amor no es más que una suma total de subidas majestuosas y bajadas que aceleran la respiración con tan solo verlas. Pero al final no es más que una suma. El amor no te divide, ni te resta. Sentirte pequeño no es una opción. Así que escúchame, tú que lloras cuando amas porque estás amando mal. Jamás dejes de creer en ti y en tu poder. En tus alas para volar y sentirte libre. El amor no ata porque el mundo es tu hogar. El amor es libre. Y el amor eres tú sin necesidad de nadie más que tú.

Que no te duela. Libérate.

Piel con piel

Cuando toqué tu piel por primera vez, nadie me avisó de lo que vendría después. Nadie me dijo que alejarme de tu piel me congelaría el tacto. Nadie me habló del olor de tu piel recién despertada. O de estar espalda contra pecho, con cosquillas en los pies y la respiración al compás. A mí nadie me avisó de que los abrazos sin ropa pero con piel son el mejor remedio en las noches frías.

Mis nociones sobre tu piel eran nulas y me moría de ganas de aprender a tocarte y a acariciarte, pero no sabía ni cómo empezar. «Cuestión de pieles» dicen. Cuestiones de cada piel será. Porque cada piel es un mundo nuevo por descubrir. Me fascina seguir descubriendo pecas en tu espalda cada vez que te respiro. Y es cuando te acaricio que tu piel se convierte en el idioma universal que nadie termina de entender del todo. No hay expertos, no hay doctorandos ni licenciados porque cada noche se descubren alrededor de cien pliegues de piel más, cien arrugas o cincuenta pecas. Qué más da. Cada día es un capítulo nuevo por descubrir. Y de nada sirve lo que hayas aprendido con otras pieles porque seguro que no te servirá. Cada uno con su piel y a piel de letra, que todo es mejor.

Aprender a perder

De todo se aprende, hasta de las caídas. Pero lo que más cuesta es aprender a perder. Aprender a decir que no pasa nada, que todo sigue, y sobre todo aprender a levantarse y a seguir el camino con la mochila llena de lecciones y apuntes para la siguiente caída. Aprender a decir lo que pensamos y siempre a pensar lo que decimos. Aprender que la vida consiste en despedidas constantes. Algunas que no podrás evitar y otras que habrás planeado tú. Pero en definitiva aprender a despedirse. Aprender a perder. Aprender que no todo lo que resta, resta de verdad. Que hay restas que suman mucho más de lo que pensamos y nos multiplican. Aprender a sonreír a los errores, a los fallos y a las almohadas húmedas, porque eso significará que estamos creciendo. Jamás olvides que somos lo que somos por lo que perdemos y por lo que ganamos. Pero sobre todo por lo que perdemos. Así que aprende. Aprende a perder esas personas que no volverán, o esas palabras que nunca encontraste en la salida del laberinto, las que se quedaron entre letras desordenadas. Ese lo siento que no llegó nunca, ese te quiero vacío o ese beso amargo.

Aprende a perder, pero sobre todo aprende.

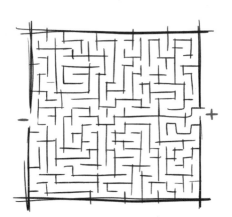

Incoherencias

He estado convenciéndome de muchísimas cosas durante este tiempo. Que si amas a alguien no puedes amar a otra persona. Que u odias o amas. Que eres feliz o estás triste. Y todo este tiempo he dudado de la gente que se enamoraba una y otra vez. De la que es feliz, pero llora; de la que llora y sufre, pero es feliz. De los que lo ven todo negro o blanco, sin matices. Reconozco que he dudado hasta de mis propias conclusiones y hasta de mis incoherencias. De los «yo nunca haría eso» y hasta de los «tú me dijiste». Y ahora se me rompen todos los esquemas y las cosas que yo creía tener claras. Ahora me doy cuenta de que no hay límites en el amor, que cuantas más veces te enamores mejor lo harás y aprenderás a querer bien, que no mucho. Por fin entiendo a los que ríen cuando por dentro lloran, intentando encontrar cualquier motivo para salir adelante y luchar. Y ahora me veo reflejada en los que lloran, pero son felices a pesar de todo. A pesar de todos. Que el color negro no es el mismo para ti que para mí, que el blanco puede ser oscuro o claro depende de quién lo mire. Me doy cuenta de que los «yo nunca» siempre fueron una premonición de lo que iba a pasar y que lo que dije puede que no lo pensara, o puede que nunca dijera lo que realmente pensaba. O yo qué sé, tal vez cambié de opinión. Ahora me doy cuenta de que ser incoherente te enseña a ver otras opciones y sobre todo te muestra la verdad. Que las incoherencias nunca fueron un error y que la coherencia está sobrevalorada. Que las incoherencias te acompañen toda tu vida porque quien no cambia nunca de opinión nunca aprende. Y quien nunca aprende no vive.

Quiero que sepas

Creo que es la segunda carta que te escribo. O al menos, la segunda que tendrás en papel. También creo que antes se me daba mejor esto... porque llevo unas cuantas horas haciendo y deshaciendo. Borrando y volviendo a empezar. Supongo que por miedo a no estar a la altura. Pero ahí va.

Quiero que sepas que siempre te recordaré feliz porque jamás unas lágrimas me enseñaron a sonreír tanto. Porque fue ver tus días tristes para darme cuenta de que no hay nada que duela más. Quiero que recuerdes todas las cosas que te hicieron llorar porque tú me enseñaste que eso te hace fuerte y te permite ver que es lo que no quieres a tu lado. Quiero que sepas que no me gustan esas lágrimas, pero prometo que voy a cuidarlas como a tus sonrisas. Quiero que sepas que cuando sonríes, me llenas de vida a mí y a cualquiera que se cruce contigo. Porque eres luz. Que no hay nadie que pueda hacerte sombra, nadie. Solo tú misma. Quiero que sigas insistiéndome en esas cosas que no quiero, pero debería hacer. En las que me dan pereza, pero también en las que quiero y no encuentro el momento para hacerlas. Tú insísteme siempre. Insiste en que te llame porque siempre será poco.

Quiero que sepas que no hay tiempo ni distancia que pueda borrar lo que eres para nosotros. Ni para mí. Ni para él. No lo olvides y nunca dejes de insistir.

Te quiero, mamá.

No te pertenece

Aún tiemblo si recuerdo ese momento. Todo era perfecto, de verdad que lo era. A gritos. A insultos. Pero era normal. ¿No? Jamás me dejaría en la puerta de casa sin poder entrar. Lo sé. Jamás me pondría una mano encima ni me empujaría contra la pared. Jamás me amenazaría con quitarme todo lo que más quería y con dejarme sin amigas. Ni tampoco insistiría en que le dijera exactamente qué había estado haciendo a las 15:26. Él no era de esa clase de hombres. ¿Verdad?

Eso pensaba yo cuando mis amigas me veían enviar una foto de dónde estaba y con quién estaba hablando. O cuando me decía que no podía tener amigos. «Que no. Que es inseguro», repetía yo. Lo peor es que de ahí, yo me transformé en aquello que odiaba, en aquello que jamás quise ser. Y lo veía como normal. Lo peor es que lo incorporamos a nuestra rutina, y me volví loca. Me miraba al espejo y no me reconocía. Era como si en mí se hubiera reflejado todo el mal. Todo. Hasta que pasó.

Aún tiemblo si recuerdo ese momento. Todo era perfecto, de verdad que lo era. Hasta que me gritó. Me insultó. Y ya dejó de ser normal. Eso no era normal. Me dejó en la puerta de casa, con la bolsa en la acera, sin poder entrar. Me amenazó con grabaciones y fotografías. Me amenazó con quitarme todo lo que más quería y con dejarme sin amigas. Me empujó contra la pared y me dolió. Me hizo daño. Me pegó.

Hasta ese día todo era normal. Pero pasó. Y dejó de ser normal para convertirse en mi pesadilla pero también en mi lucha. Y en la tuya. En la de todos.

Ya no. No más golpes.

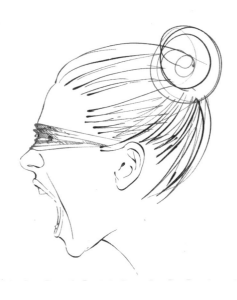

Tú

La luz en la oscuridad.
La primavera en medio de la ciudad fría.
Calcetines en invierno.
Palomitas con sal.
La estrella fugaz que nunca desaparece del todo.
El primer baño del verano.
Inspiración en una hoja en blanco.
La palabra amor en un corazón.
Las ganas de bailar en la playa.
Chocolate con churros en enero.
La ilusión de los Reyes Magos.
Pies húmedos en el césped.
Las ganas de nadar en mar abierto.
Gritar gol en el último minuto.
Libros y café.
Despertarse sudando.
Libertad.

Eso eres tú.

tú

Dos

Te quiero porque...

Te quiero porque sonríes
cuando me miras
y porque me miras cuando sonríes.

Te quiero porque sabes lo que pienso con solo acariciarme,
porque contigo sé lo que es quererme.
Contigo sé lo que es quererte.

Te diría que te quiero porque me gusta lo que somos
cuando somos uno,
pero también te diría que te quiero por lo que soy
desde que te conocí,
por las piezas perdidas que has ido encontrando
entre mis pecas
y mis pliegues.
Entre mis idas
y venidas.
Entre mis temores.

Te quiero
como me quiero a mí misma,
porque ya eres parte de lo que soy.

Clímax

Cuéntame cómo me tocas sin rozarnos. Cómo tus dedos acarician mi mente para luego bajar hasta la cadera. Dime cómo haces que mis ojos se nublen mientras sueño despierta. Cuéntame dónde estás si yo te siento tan cerca, tan dentro. Entras en mi cabeza, la remueves, la mezclas, la dejas y la vuelves loca. Me vuelves loca. Empiezo a hervir. Siempre hasta el momento justo. Siempre hasta el límite entre el bien y el mal. Siempre aparece ese helicóptero, rescatándome, lanzando un montón de agua sobre mi cuerpo. Antes de que me queme. Antes de que me consuma. Ya no sé ni en qué parte de mi cuerpo me estás besando ni dónde está tu lengua. Si hemos llegado al cielo o al infierno. Pero creo que me quedo aquí. Clímax. Hasta donde nos lleve la imaginación.

El consejo que jamás pediste

El consejo que jamás pediste te va a sonar raro. Seguramente hasta lo rechaces. Incluso podría decirte que vas a tomártelo como un ataque. Es ese consejo que te da un desconocido pensando en él y no en ti. Es ese que cuando quieras ponerlo en práctica no lo harás con ganas. Y las cosas sin ganas son pesadas. Sin sabor. El consejo que jamás pediste es lo que quieren ver en ti, pero no lo que tú quieres ver de ti mismo. Seguramente odiarás que te aconsejen porque creerás que no necesitas ninguna ayuda. Ya lo sé. Pero si me dejas que te dé el consejo que no has pedido, solo si me dejas, te diré que disfrutes de todo. De esos también. De los inútiles y de los que crees más importantes. Disfrútalos porque siempre son especiales. Cuando te des cuenta de todo lo que dicen sin decirlo, lo vivirás y seguramente lo pondrás en práctica. Te darás cuenta de que ese consejo nació para pedirte a gritos lo que necesitas.

Así que si me dejas que te dé el consejo que jamás pediste, ahí va: brilla y baila sola como tú sabes o si lo prefieres. Son otras maneras de decir te quiero.

Hogar es alma

El hogar es donde quieres volver siempre, estés donde estés, porque no importan cuántos kilómetros te separen de él. Siempre encontrarás la paz, siempre podrás llorar a gritos y siempre te podrás quedar dormida con los zapatos puestos. Es eso que experimentas cuando te sientes libre, cuando ves que todo lo que te rodea no tendría sentido si no pudieras volver a ese sitio. Es eso que te despierta de las pesadillas con una caricia y te hace respirar. Te calma. Eso que a la vez te acelera y te descubre los sueños que te quedan por cumplir. Es como sentirse libre pero estando en un espacio cerrado. Sin paredes. Es la sensación de estar en casa y de ser tú. Pero hay momentos que lo cambian todo. Cuando los hogares dejan de ser lugares, y no se encuentran en un mapa, es porque son personas. Y te puedes mudar mil veces de casa, pero no de hogar. Porque el hogar no es nada que puedas señalar. Es algo que se lleva dentro. Una sensación. El hogar es alma.

Y mi hogar eres tú.

Debajo de la piel

Cuando creas que estás sola. Cuando no haya nadie a tu alrededor o cuando veas que el gris se apodera de tu paisaje. Cuando te falte el aire o cuando te sientas abandonada. Cuando no tengas valor para lanzarte y disfrutar. Cuando tengas miedo y necesites un abrazo. Un empujón. Cuando descubras que hay amigos que decepcionan y familias que hieren. Cuando aún no sepas que es mejor no esperar nada de nadie. Cuando grites, pero nadie te escuche, y sientas que no tienes voz. Cuando camines por la calle sola y tengas miedo. Cuando no quieras levantarte de la cama y cuando prefieras quedarte debajo de la lluvia. Cuando no te importe mojarte ni pasar frío. Cuando parezca que el mundo se va a caer. Cuando creas que no hay salida.

Cuando quieras retroceder, recuerda que lo importante siempre está debajo de la piel. Mira debajo de la piel y allí estaré yo. Por ti. Por vosotras.

Luz

Hay personas que brillan solas
y luego estás tú,
que iluminas todo lo que tocas.

Mío

Cuando te leí por primera vez, fue el día que más mía me sentí. Destrozaste mis teorías y construiste mundos nuevos. Quemaste el dolor y liberaste mi pasión. Me vaciaste sin saciarme. Me saciaste sin vaciarme. Quería más. Ese día sentí como si fuéramos la misma persona, la misma alma. Con las mismas historias que contar. Con las mismas ganas de llorar. Con las mismas ganas de encontrarnos. Me sentí mía y me sentí tuya. Te sentí mío. Me sentía robada y que había robado el diamante más valioso de la historia. Habías entrado en mí, sin permiso, para quedarte aunque estuvieras a kilómetros de mi cuerpo.

Y de repente, apareciste. Y te encontré. Nos encontramos. Y en ese momento fue cuando entendí que siempre había sido tuya y a la vez mía. Siempre habías sido mío y a la vez tuyo. Tú tan tuyo y yo tan mía. En ese momento entendí que hay almas que se dividen en dos para luego encontrarse y ser una.

Y hoy más que nunca, soy mía, tuya y lo que decidamos ser. Porque nadie más que nosotros siente esto que es solo nuestro.

Lea las instrucciones

Lea todo el prospecto detenidamente antes de empezar cualquier relación porque contiene información importante para usted.

— Conserve este libro ya que puede tener que volver a leerlo.
— Si tiene algún amigo, también puede consultar con él este libro, pues el amor se debe compartir.
— Si usted está empezando a amar y no se ama lo suficiente debería aprender a quererse antes de querer a otras personas, aunque tengan los mismos síntomas. No todo el mundo ama igual.
— Si experimenta efectos adversos durante este camino, consulte las veces que haga falta este prospecto y en concreto el siguiente párrafo.

El uso indebido del amor puede producir efectos adversos, aunque no todas las personas los sufran. Los efectos adversos de los sentimientos como el amor son comunes en todas las personas, sin importar sexo ni edad. Si la dosis diaria de amor está por debajo de la recomendada es posible que sufra alguno de los siguientes:

Soledad: El amor puede asociarse con el riesgo de sufrir un ataque de soledad (sus componentes léxicos son: *solus*, más el sufijo *-dad* como cualidad). No confundir con abandono. La soledad mu-

chas veces se presenta sin riesgo y es solo una manera de tomar conciencia de la importancia de saber disfrutar de ella.

Abracitis: Este síntoma aparece después de la sensación de soledad. Se conoce como el deseo incontrolable de abrazar a alguien. La única solución ante esto es abrazarse fuerte hasta que tiemble y sienta que está en casa. En ese momento usted estará curado.

Hay otros efectos adversos frecuentes cuando se experimenta con el amor (pueden afectar hasta a 1 de cada 10 personas):

— Felicidad repentina.
— Mariposas en el estómago.
— Ganas incontrolables de ver a alguien.
— Ganas de quedarse todo el día en la cama con mimos.

Si se experimenta cualquier tipo de efecto adverso, consulte con su yo interior, amigos, familiares o lo que usted desee, incluso si se trata de posibles efectos adversos que no aparecen en este prospecto. La comunicación en el amor es muy importante y recuerde que con su experiencia puede ayudar a muchas personas y contribuir a proporcionar más información sobre las relaciones.

Lee esto cada día

Nota mental: lee esto cada día.

1. Despiértate y sal de la cama bailando, cantando, saltando. Como quieras pero con energía. No te quedes mirando el techo aunque pienses que es el peor día del mundo.

2. Vístete como si fuera el día de tu cumpleaños, el de tu primera entrevista o el último día de clase. Siéntete bien y disfruta.

3. Recuerda que si te maquillas es porque tú quieres. No hay nada mejor que ver en tu piel cicatrices y ojeras. Deja que se noten si te apetece y deja que el mundo vea que eres real. No te escondas.

4. Sal de casa y cómete el mundo. Sin preguntar por qué. Sal y cómetelo.

5. Dedica sonrisas a la gente con la que te cruces.

6. Da las gracias.

7. Perdona. Pero de verdad. Perdona sin reproches.

8. Si quieres probar algo nuevo, pruébalo. Que nada ni nadie te detenga nunca. Eres libre.

9. Llama a tu madre, a tu hermano. Llama a tu abuela y diles lo importantes que son para ti. No esperes a que lo hagan ellos. Quiere a la gente que quieres.

10. Piensa en tu día y quédate con una cosa buena que quieras recordar toda la vida.

Y 11. Vive.

Hay amigos que hieren

Hay amigos que hieren y si no te los has encontrado aún, prepárate porque te los vas a encontrar. Yo los llamo amigos porque si algo duele y escuece, importa. Los enemigos no hieren. Los enemigos pierden su tiempo. Los amigos también, pero hieren. Habrá veces que será por error y otras no entenderás muy bien por qué. Ni tú, ni ellos. Pero hieren. Y duele.

A mí me gusta pensar que si hubieran sabido lo que perdíamos lo hubieran hecho de otra manera. Por eso aunque hieran, les llamo amigos. Aunque luego desaparezcan y nos convirtamos en desconocidos, fuimos amigos.

También tienes que pensar que hay amigos que desaparecen porque tienen que marcharse, porque están dejando espacio para algo mejor, porque hay amigos que es mejor que no estén. Y aunque cuando te hieran, duela, piensa que todo pasa por algo. Hay amigos que serán más amigos para ti que tú para ellos. Y lo sabrás con el tiempo. Los descubrirás por mucho que se maquillen. No quiero asustarte con esto. Solo te pido que no tengas miedo porque eso te hará más fuerte, y nadie podrá quitarte lo que fue vuestro y solo vuestro. No quieras eliminar sus recuerdos de tu alma y guárdalos bien porque también son parte de lo que eres.

Si sucede, es porque algo mejor está en camino. Bienvenido seas. Despedido también.

Señal

El otro día abrí un libro. Empecé hojeándolo y acabé subrayando las frases y las palabras que me apuñalaban el corazón. Siempre con lápiz. Me gusta tener el poder de cambiar de opinión, borrar líneas y subrayar las de más abajo. Y luego volver a leer esa página del marcador amarillo y pensar que estaba loca sintiendo aquello que sentía. Qué más da. El caso es que pasando páginas, me tropecé, sin querer, con una arrugada. Una de esas que vienen mal de fábrica, hasta medio borradas y con palabras sombreadas. Y me quedé paralizada en esa página, sin poder pasar. «Llora todo. Y después vuela».

Y empecé a llorar como si alguien me estuviera obligando. Como si Alejandra Remón, autora del libro con el que me tropecé, *Cuando nadie me mira*, me estuviera obligando a llorar todo desde esas letras desordenadas. Por eso, después de pasar un rato lloriqueando y humedeciendo las páginas del libro, me di cuenta de que hay señales. Hay señales que nos rodean y nos hacen vivir. Algo que aparece en el momento justo y perfecto para que nuestro cuerpo sea todo menos cuerpo. Para que nos convirtamos en lo que hay dentro de nosotros. Sin apariencias ni máscaras. Hay señales que existen para que nos dejemos llevar y lo saquemos todo fuera. Una canción que suena en la radio cuando te has despedido de alguien. El perfume de alguien que pasa por tu lado en otro país a más de 10.000 kilómetros de esa persona. Una palabra que se conecta con un recuerdo. Un gesto, una sonrisa y hasta un sabor.

Hay señales que existen y están esperando el momento justo para invadirnos y dejar que todo fluya. Hay señales que te activan y otras que por fin te despiertan y hacen que le pongas fin a tu dolor.

Pero hay señales tan jodidas que a veces tardan demasiado en llegar. Pero llegarán.

Querer bien

Te quiero bien
libre,
tuya,
loca,
feliz.
No te quiero mucho,

te quiero bien.

Error número uno

Me arrepiento de demasiadas cosas como para contarlas en un libro. Aunque seguro que en alguna página habré dicho que nunca me arrepiento de lo que hago. Mentira. Incoherencia. Desorden. Ya me conoces.

Pero si tuviera que contarlas empezaría por esa. Maldito día en el que me dejé llevar y no pensé en la de veces que me vendría esa imagen a la cabeza. Maldito día en el que te quise y confié. En el que dejé de querer y amé a la vez. Maldito. Si pudiera retroceder, no dudes que lo haría. Aunque tal vez me llevaría la lección aprendida. Me arrepiento porque creí ser libre sin saber que eso sería mi propia cárcel. Y yo carcelera y presa a la vez. Me arrepiento porque perdí horas y días llorando tu ausencia. Sin saber que nada me iba a aliviar más que la distancia entre los dos. Y ojalá no te vuelva a ver nunca más. Ojalá te alejes de mi vida y por fin me dejes volar.

Ojalá desaparezcas hasta de mi memoria.

A pesar de

A pesar de que nos juzguen.
A pesar de lo que digan.
A pesar de los insultos.
Amenazas.
A pesar de los chistes.
A pesar de los veintidós años que nos separan.
A pesar de la experiencia.
A pesar de la inocencia.
A pesar del miedo.
A pesar de los desconfiados.
A pesar de todo,
vivimos.

Y a pesar de ellos, te vivo.

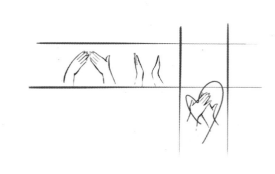

Te presto mi piel

Ahora que no nos escucha nadie y no hay miradas cómplices a nuestro alrededor, te presto mi piel. No preguntes cuánto tiempo puedes acariciarla ni si tendrás que devolverla pronto, porque no me gustan las despedidas. Y las despedidas de piel, menos. Te la presto con algunas condiciones. No la arañes. No quiero ver ni un rasguño en ella. Ni un golpe. Ni un grito. Te pido que la escuches y recorras cada esquina de su mundo con ella. Que te metas tan dentro que hasta la confundas con tu piel. Que la mires como si fuera la única vez que pudieras mirarla. Saboréala. Mímala. Pero no la oprimas, no la escondas. No tengas miedo de enseñarla porque es mucho más poderosa de lo que crees. Puede sola con todo, pero solo quiere compartir el camino contigo, compañero de viaje. Dure lo que dure, haz que la piel siempre viva. No dejes que muera, no dejes que se apague. Y cuando veas arrugas y manchas, no la abandones. Ya sabes que lo que importa siempre está debajo de la piel. Por dentro brillará y solo si tú quieres ver esa luz, la verás.

Te presto mi piel.
Ámala.

Tres

Desde el infierno

Cuántas veces necesitabas escucharme gritar «no» para que eso no sucediera. Cuántos empujones y arañazos no debería haber evitado para que te alejaras de mi piel. Me manipulaste, me sobornaste y me obligaste a dejarme hacer (que no a hacer) algo que no quería. Algo que me daba asco. Algo que me mataba por dentro. Fue en el momento que rompiste mi ropa cuando te veía desde el infierno. Y hasta me veía a mí misma gritando (que no de placer) desde lo más alto del techo. Qué asco. Cuántas veces te habrán dicho que hay gritos que piden socorro y no sexo. ¿Hace falta decir que las minifaldas no piden a gritos ser bajadas? No sé dónde estarás ahora, pero sí que sé que eso lo llevarás clavado en tu mente para siempre. Yo no soy culpable, yo no me dejé. Yo confiaba en ti, y tú te aprovechaste de mí. De mi inestabilidad y de mi alma rota. De mi sangre en alcohol. De mis lágrimas.

Ojalá te arrepientas toda la vida de lo que me hiciste vivir. De mi mayor pesadilla. Ojalá siempre tengas que recordarme y verme. Aunque sea desde el infierno.

La fina línea que nos separa

Existe una línea fina, muy fina, tan fina que es capaz de separar cosas. A ti de mí. A mí de ti. Apenas se ve y pocas veces se siente. Pero se deja notar en su justa medida. Divide la realidad de lo virtual, lo real de lo imaginario (que no falso), lo real del mundo más cruel que he visto jamás. Lo justo de lo injusto. Lo correcto de lo inaceptable. Los «te quiero» de los «ojalá te mueras».

El límite. Esa línea tan fina es el límite que no lo pongo yo por ti ni tú por mí. Solo tú decides dónde lo tienes, hasta dónde estás dispuesto a llegar. O en tu caso, a dañar. Límites que jamás se deberían cruzar y que aun así seguimos aguantando por miedo, o por vergüenza. No sé. El límite del respeto. Tan fácil como no hacer aquello que no desearías que te hicieran, ya no a ti, sino a la persona que más quieres. A tu hija. A tu hermano. A tu madre. Vamos a ponerlo más fácil. Imagínatelo. Imagina que alguien le cuenta lo que has dicho a tu persona intocable. ¿Duele? Si no duele, lo estás haciendo bien. Si duele, ahórratelo. Has cruzado esa línea tan fina de la que te hablaba y una vez la cruzas te será difícil volver atrás.

Ese límite lo defino como la separación de dos clases de personas. Las que construyen y las que destruyen. Las que aman de las que odian. ¿En qué lado estás tú?

Cuando estábamos solas

Sé que no he pasado contigo todo el tiempo que debería y sé que no he cuidado de ti todo lo que te hubiera gustado. No te escuché cuando debía y hasta llegué a ignorar el frío que me daban tus caricias. Intentaba escaparme de ti, pasar el tiempo con desconocidos para no cruzarme contigo. Poner música alta. Ruido. Y que así te alejaras. Pero no supe escuchar. No supe hacerlo de otra manera.

Cuando me tropezaba contigo sin querer, te adoraba y te odiaba a la vez. Me encantaba quedarme dormida mirando al techo, hablando contigo, solas. Me encantaba despertarme con la sensación de haber dejado todo correr, que las lágrimas se fueran y que la almohada las atrapara. Pero a la vez lo odiaba. Odié cuando escuchaba música sin tener nada más que hacer, nadie a quien ver y ninguna voz a la que atender.

Pero si ahora me dejaran volver atrás, cambiaría todo solo por verte a ti reflejada en mí. Por verme a mí contigo. Querida soledad, no sé si me estarás escuchando. No sé ni siquiera si vas a volver a mirarme mientras duerma. Tal vez sea demasiado tarde y te hayas cansado de esperarme. Pero ahora cambiaría todo por haber almacenado esos minutos contigo en un cajón, bien guardados. Ojalá todos esos consejos que me perdí por miedo a estar sola los hayas escrito en algún sitio y me los dejes leer.

Querida soledad, prometo que voy a valorar todos los silencios que me des.

Cada una de las lágrimas que derrame cuando no sepa a quién acudir serán para ti.

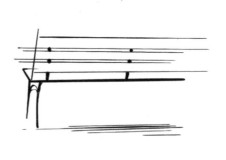

Piel de letra

No sé muy bien cómo nació. Pero me di cuenta de que las cosas más importantes para mí las había dejado escritas en la piel. La piel es como mi diario, como una hoja en blanco que empieza con tachones y demasiadas palabras desordenadas. Es el lienzo de los pintores. Las teclas de un piano. El agua en un desierto. Empecé a escribir(me) lo que me erizaba la piel sin que tuviera que pensar mucho en ello. Una despedida. Una canción. Una palabra. Y curiosamente siempre fueron palabras. Todo letras. Todo frases. Menos tú. Una flor.

Tú llegaste y lo rompiste todo. Mis ideas, mis canciones, mi dolor, mi alegría. De repente, me hiciste cambiar todo. Y te dibujaste. Sencilla, limpia, pero no frágil. Sin espinas que me rasgaran la piel. Solo delicadeza y paciencia. Ahí estuviste durante meses para recordarme que lo que importa siempre está debajo de la piel. Que lo que duele importa. Y desde ahí, me has hecho sacar todo lo que necesitaba liberar. Liberarme del caos oscuro lleno de miedos e inseguridades.

Piel de letra porque las letras que has puesto en orden son las que estaban debajo de la piel. En lo más profundo y escondido de mí. Piel de letra porque he sabido dejar que la piel respire. Piel de letra porque a veces es mejor ir poco a poco y otras necesitamos meter la sexta. Piel de letra porque tienes entre tus manos mi piel, que es mi alma. Piel de letra porque no hay nada más bello que llorar con una sola palabra.

Letras hechas de piel.

Lo que no te dije

No sé por dónde empezar. Ni tampoco sabré cómo acabar, para qué engañarnos. Hay tantas cosas que habré olvidado y tantas otras que seguramente habré confundido. Se mezclan recuerdos. Se pierden aromas. Lo que no te dije no dejó nunca de existir, pero cambió. Lo que no te dije en esa cena es lo que ahora, mientras duermes, tampoco me atrevo a pronunciar. Son aquellas cosas que se quedan dentro hasta que te van secando y dejando vacía. Son aquellas palabras que solo de pensarlas duelen y matan. Las que se convierten en extensiones de tu mente, de tus sueños. Las cosas que no te dije son las primeras que pienso sin querer cuando cierro los ojos para dormir a tu lado. Aquellas que no debería haber pensado jamás porque ahora ya es tarde para olvidarlas.

Ojalá las olvidara.

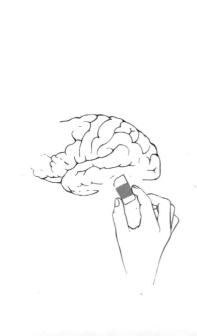

Brilla

Te oigo llorar desde la otra habitación. Pared con pared. Y ahí estoy yo. Con la oreja pegada a la puerta escuchando tus llantos que se me clavan como un cuchillo en medio del pecho. No me atrevo a pasar. Quiero que lo sueltes todo y que no te dejes nada oscuro dentro. Me gusta que no lo escondas y que llores fuerte, que te dejes llevar por tus lágrimas.

Pero cuando termines y no te quede nada, brilla. Brilla, por favor. Por ti misma. Porque no necesitas maquillajes ni adornos ni focos para ser luz. Eres luz brillante. Luz. Brilla, por favor. Sonríe y brilla sola porque no necesitas más que tu risa. Pero brilla por y para ti, no quieras gustar. Solo gústate a ti. Mírate al espejo y sonríe. Llora. Grita.

Pero jamás dejes de brillar.

Sin ruta

Como quien pide un mapa, una ruta fácil. Como quien prefiere caminos largos y carreteras malas. Nada de líneas rectas. Nada de autopistas. Nada de ir al grano. Ahí estaba yo pidiendo a gritos un recorrido entre pecas, entre líneas difusas. Entre curvas y pliegues. «Explórame», dije. Como quien empieza a andar sin rumbo fijo, con la mente nublada y dejándose llevar por la intuición. Tus manos enredadas en mi pelo, como si estuvieras retenido y no hubiera otro sentido ni otra vía para escapar. Tus labios en mi cuello bajando muy lento. Como quien intenta no hacer ruido para no despertar. Suave. Tus ojos en mis ojos, en mis labios, en mis deseos. Tu piel en mi piel. Como quien recorre un mapa en busca de las mejores vistas. No sé si estarías tanteando el lugar para quedarte a dormir. O a vivir. Explorándome centímetro a centímetro como quien rastrea un bosque nuevo. Como quien descubre un tesoro y lo hace en silencio.

Como quien ama sin pensar en lo que vendrá. Sin rumbos. Sin ruta.

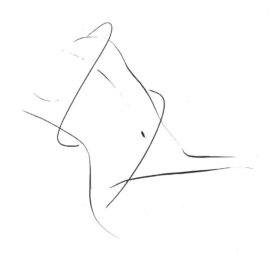

Escuchar silencios

Deberíamos escuchar mejor. O simplemente escuchar. Imagino un día entero descubriendo todo lo que hice mal. Todas las lágrimas que provoqué. Los gritos que no atendí. Las frases que dejé a medias y los «lo siento» que no dije. Los silencios que llenamos con palabras vacías y miradas esquivas, buscando una puerta para escapar. Cualquier cosa por no tener que escuchar. Esos silencios deben ser escuchados. Porque hay silencios que dicen mucho más que libros enteros, mucho más que miradas frías. Hay silencios que tienen la suerte de convertirse en música, de sonar bonito, de ser algo esencial. Ese silencio que llora por ti o que pronuncia el «te quiero» que no te atreves a decir.

Hay silencios que no son silencios del todo. No estás en silencio cuando escribes con tu móvil. Ni cuando cocinas, aunque no digas nada. El silencio no es el momento en el que no decimos nada. No. Va más allá. Es algo que está ahí y que nadie ve. Nadie escucha. Nadie aprecia. El silencio lo encuentras cuando vas a buscarlo en medio del bosque, en una calle vacía a las tres de la mañana o en una playa con el romper de las olas. Eso es silencio. El silencio también es tu mente rebuscando y pensando en tus planes y errores, mirando al techo.

El silencio a veces también es ruido.

Pero búscalo y escúchalo. Porque el silencio también habla.

Espacio libre

Hay un límite. Los sentimientos se actualizan, maduran, crecen y se sienten distintos. Pero nunca lo que sentimos es para siempre. No podemos almacenarlo todo. Yo ya no almaceno el dolor de la primera decepción ni la ilusión de encontrarme con alguien que hace ahora más de diez años que no veo. Dejamos espacio libre para dar paso a nuevos sentimientos y emociones que al principio son extrañas. Personas nuevas, secretos, confesiones y desilusiones. O incluso cedemos algún hueco para que vuelvan esas cosas que hacía tiempo que no sentíamos. Para dar segundas oportunidades y para volvernos a equivocar. Una y otra vez. Por eso me hace gracia cuando dicen que no soy la misma de hace cinco años. ¿A quién le gustaría ser el mismo de hace cinco años? Si estamos aquí para aprender, para hacer y deshacer. Para volver a caer en los mismos errores hasta que dejan de serlo para convertirse en decisiones. No sé tú, pero si yo fuera la misma de hace cinco años, me asustaría. ¿Dónde quedaría todo lo que he aprendido? Me gusta emocionarme con cosas nuevas, con cosas que no conocía. Y dejar atrás emociones que ya no me pertenecen. Bienvenido sea lo nuevo. Lo que me vaya a cambiar.

A veces siento que escribo siempre sobre lo mismo, las mismas cosas, la misma sensación. Pero hay tantos matices y tantos colores que nos perdemos en el camino. Nunca se siente igual. No siento igual que ayer y espero que mañana cuando lea esto, no piense lo mismo que estoy pensando ahora. Ojalá cambie de opinión.

Porque eso querrá decir que algo está cambiando en mí.

Y de los cambios se vive. Y viviendo se aprende.

Tortuga sin caparazón

Nací como si fuera una tortuga sin caparazón. Esa tortuga que parece frágil, indefensa. Como el que está en la calle en medio de la tormenta sin paraguas buscando un portal. O como el que camina descalzo en una acera invadida por cristales rotos. El que duerme sin descansar.

Y no, no te voy a negar que pasé miedo. Tampoco voy a negar que quise correr y dar media vuelta. Buscar el caparazón donde fuera. Un refugio y esconderme para no salir nunca más.

De repente llovían piedras, golpes dolorosos e injusticias. No existía ningún paraguas que pudiera frenar el golpe. Todo iba sobre mi espalda. Gota a gota. Y gota a gota dejó huella. Esas huellas llenas de dolor que cuando las sacas a la luz aún escuecen y no se curan solas. Porque el tiempo no lo cura todo. Jamás podría sanar esa herida de aguantar acusaciones, mentiras, amenazas y crueldades. Eso queda para siempre, así que supongo que mis enemigos ya tendrán suficiente con eso. Con lo que no contaban era con que yo misma construiría mi caparazón. Mi paraguas. Unos zapatos.

Así que, tortuga, si vas desnuda, no tengas miedo. Siempre hay alguien dispuesto a dejarte su coraza y cubrirte para que no te mojes.

Pero recuerda que siempre estás tú para hacerte fuerte y huir de quien te hiere.

Soy tortuga sin caparazón. Fuerte y guerrera.

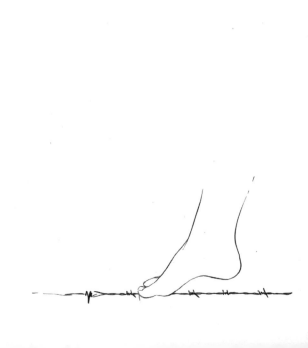

Lo que no decimos
(hasta que estamos solos)

Lo siento. Todas esas veces que no tuve el valor de pronunciarlo. Ni tampoco las ganas de decirlo. O esas que creía que no era yo quien debía hacerlo. Esas veces que aún creía que la culpa existía. Que no era culpa mía, decía. Cuántos abrazos abandonados. Cuántos «lo siento» perdidos.

Gracias. Cuando fingía que no veía lo que hacían por mí. Cuando no valoraba el esfuerzo del otro. Cuando pensaba que me merecía eso y no tenía por qué darlas. La sonrisa que no devolví. El abrazo que no pedí. Las gracias que no di.

No. No me dejes. No desaparezcas. No grites. No mueras por mí. No sufras. No quiero. No, gracias. Y yo, sin embargo, me quedé callada. No te vayas.

Lo que no decimos
hasta que estamos solos.

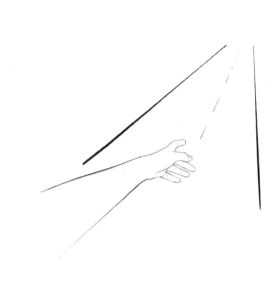

No hay mucho ni poco

Cómo pudimos querernos mucho
si quererse poco no existe.

Si amas o no amas,
pero no decides cuánto amar.

O quieres o no quieres.

O quieres bien

o no quieres.

Piérdete

Busquemos un lugar aleatorio. Como el que busca un cofre ente-
rrado. Vamos a algún lugar que nadie conozca. Perdámonos.

Como el que se pierde para volverse a encontrar.
Como el que se pierde para no encontrarse nunca.

O mejor aún, que perdernos juntos no signifique jamás perder-
te a ti ni que me pierdas tú a mí.

Volver a empezar

Desde hace unas semanas ha sido como si volviera a empezar todo de cero. Y me tiemblan las manos si lo pienso. Hasta me sube un nudo por la garganta y es como si no pudiera respirar. No sé si es el ruido (que no silencio) de una casa vacía o encontrar fotos viejas que guardaba en un cajón. Ese libro subrayado que de repente aparece y te remueve todo, una y otra vez. O ese disco. Esa carta de amor que nunca quemé.

Volver a empezar es hacer como si todo lo demás no contara. Sin recuerdos. Sin cuadros que colgar en esas paredes blancas. Sin álbumes de fotos. Sin imanes en la nevera. Volver a empezar es siempre para construir algo nuevo.

Y a veces lo nuevo no es mejor.

A veces lo nuevo asusta.

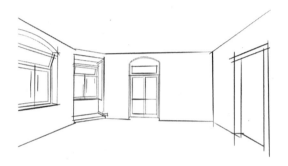

Cuatro

Cinco cosas que no quiero volver
a explicar jamás

Uno: Soy una mujer. Con nombre y apellidos. No soy objeto. No soy florero. No soy mujer de. Novia de. Hija de. Hermana de. Soy mujer. Con nombre y apellidos.

Dos: Soy alguien que vive. Que duerme. Que desayuna, come y cena. A veces hasta merienda. Alguien que come helados en verano. Alguien que llora cuando las cosas duelen. No soy una pantalla ni un robot. Me duelen los insultos. Como a ti. Existo. Vivo, como tú. Vivo y dejo vivir. Así que deja que viva.

Tres: Nadie me obliga a estar con nadie. Si amo a alguien, quien amo soy yo. No decides por mí porque yo soy dueña de mi vida. No sabes lo que siento. No mientas por mí. No pienses por mí. Puedo sola, gracias. Nadie se aprovecha de nadie. Deja de juzgar.

Cuatro: Creo en las mujeres fuertes. Y en las débiles. En las luchadoras y guerreras. En las tristes. En las mujeres felices. Creo en las mujeres de los futbolistas. Creo en las mamás, en las abuelas. Creo en las hermanas. Creo en las amas de casa. Creo en todas las mujeres porque lo merecen. Sin excepciones. No hay mujer que no merezca respeto.

Cinco: No soy perfecta. Tengo culo. Tengo celulitis. Curvas y hasta algún michelín. Y qué. Tengo derecho a engordar y a adelgazar cuando quiera, sin necesidad de estar embarazada cuando tenga algún kilo de más.

Crea

Hay personas que destruyen y dejan cadáveres por el camino. Convierten en humo todo lo que tocan sin importar el qué. Sin importarles el dolor.

Pero también hay quien construye. Quien descubre en esos pedazos maneras infinitas de reinventarse. Hay quien crea en el desorden. Hay quien sueña en los principios. Los que curan y los que devuelven la vida.

Y luego están los que destruyen para construir. Los que si no les gusta algo lo rompen en mil pedazos para después volver a empezar. Los que sueñan con hacer siempre algo mejor.

Nacemos para crear. Sonrisas. Emociones. Arte. Canciones. Fotografías. Palabras. Cada uno a su manera, pero al final (incluso destruyendo), todos creamos.

Mi lugar favorito

Elijo escapar a algún sitio escondido. Donde no tenga miedo. Donde pueda llorar sin que nadie me juzgue. Donde pueda reír a carcajadas y quedarme dormida con los tacones puestos.

Mi vía de escape.

El tesoro en un mapa.

La manera de ser invisible.

Indestructible.

Mi lugar favorito del mundo
eres tú.

Co(n)razón

No hay corazón
que no tenga razón.

Camino compartido

Lo que para ti es nada
para alguien lo es todo.

Tus complejos
son a la vez tu fortaleza.

Tus defectos
son virtudes.

Tus miedos
son sus ganas de hacerte volar.

Tus ganas de comerte el mundo
son sus ganas de compartirlo contigo.

Y nunca es lo mismo luchar solo,

que compartir el camino.

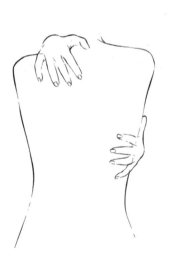

Tu última caricia

Por mucho que lo intente no puedo quitar esa imagen de mi recuerdo. Formas parte y siempre formarás parte de mi vida. Estés donde estés. Imagino que ya lo sabrás pero te has perdido algunas cosas desde que te fuiste. Las cosas se pusieron feas. Supongo que si hubieras estado todo sería más fácil. Ojalá no existieran tantos silencios. Todo está demasiado callado desde que no estás. Nos hemos equivocado, mucho. Todos. Y seguramente nos hemos hecho daño. Todos. Lloré deseando que pudieras volver para arreglarlo como siempre hacías. Con tus sopas y con tus caricias. Con tu manera de cambiar las tornas y hacerlo más fácil. Pero estás demasiado lejos. A demasiados kilómetros de aquí. A demasiadas nubes.

Tu última caricia me dio la vida que a ti te quitó.

Te echo de menos, Delia.

La manera de irse sí importa

Hay cosas que se van para volver. Pero también hay cosas que se van y no regresan más. Y desde el primer momento lo sabes. Que esta vez es la definitiva. Que se está alejando, y tú vas a ver cómo da cada paso hasta que se convierta en polvo. En maldito polvo. Duele ver cómo se va, cómo se disuelve, cómo se pierde y se aleja.

Pero lo que de verdad duele es ver que se debilita. Que alguien lo arrastra hasta que no puede más. Que lo mata por dentro antes de quitarle la vida. Que lo deja en cuerpo pero sin alma. Frío. Apagado.

Porque sonará a tópico, demasiado típico, ya lo sé. Pero hay cosas inevitables que no podemos cambiar. Ni frenar. Ni siquiera luchar contra ellas. Empiezan con batallas y acaban en guerra. Donde alguien gana, o pierde, o ríe, o llora, o vive, o muere.

Lo que está claro es que todos desaparecemos. El día X. El momento Y. De la forma Z. Pero cada vez tengo más claro que la manera de irse sí importa.

Hay maneras de irse que no deberían existir. Pero no, no te dejan elegir.

Y ya. Hay cosas que se van y no vuelven más.

Maldito polvo.

Edad

Dejé de juzgar números, edades y personas como si fueran objetos. Dejé de mirar para empezar a ver. A ver de verdad. A ver lo que me decían las personas sin hacer caso a todo lo que les rodeaba. Sin etiquetas. Sin números. Sin vestidos largos. Sin prejuicios. Sin barreras que restaran.

No creo que haya miradas con edad. Y por eso cuando conozco a alguien, lo primero en lo que me fijo es en lo que me dice su mirada. No lo que me dice su edad. Ese puto número que no hace más que crear barreras allí donde vamos. Nunca había juzgado a nadie por ser joven, mayor, por tener canas en el pelo y tampoco por tener granos en la frente. Supongo que fue por eso que no encontré nada que me frenara cuando le conocí. Ningún prejuicio. Solo ese miedo que tienes cuando conoces a alguien y no sabes si has confiado demasiados secretos en tan pocas horas. No veía nada que no fuera a alguien mirándome a los ojos con algo de miedo también. Pero fue ese miedo que tienes cuando crees que caes hacia el vacío sin saber que, en realidad, hay alguien dispuesto a sujetarte antes de la caída. No veía maldad. Solo alguien que me escuchaba. Me miraba. Me aprendía. Respetando mis decisiones. Aguantando mis llantos y rabietas. Y no sé qué debió ver él. Pero yo estaba ahí, dispuesta a aprender a vivirnos juntos.

Adrenalina

No hay aventura si no hay adrenalina. Si no sientes miedo al lanzarte o si es demasiado fácil. Esa sensación de estar en un agujero negro, de saltar a un precipicio. De no querer caer pero al mismo tiempo estar esperando a que pase algo. Que suceda. Tener que volver a empezar. Incluso ir a contrarreloj. Saber que tienes presión y que con presión a veces no funcionas. Funcionamos cuando dejamos que las cosas fluyan. Pero hay tantas cosas que queremos tener controladas sin darnos cuenta que no estamos hechos para planificar. No planificas tus sueños. Ni las ganas de enamorarte. No planificas que vas a perder, aunque lo sepas. Nunca sabemos cuando. Y pedimos a gritos que la vida nos sorprenda. Queremos adrenalina en nuestra vida pero cuando intentamos controlarla dejamos de sentirla y se convierte en algo aburrido. Sin esa chispa que nos levanta del sofá de un salto para arriesgar. La adrenalina está para hacernos sentir vivos incluso mientras dormimos. No te aburras. Sin planificar. Vive y fluye.

Viviendo

He perdido tesoros. He perdonado cosas imperdonables. He decepcionado a quien más quería. He callado cuando tenía que hablar. He visto cosas que deberían ser invisibles. He besado a desconocidos. Me he arrepentido de besos. He creído enamorarme demasiado pronto. He pedido perdón a quien no lo merecía. He confiado en quien no debía confiar. He sentido mariposas en la barriga. He perdido el tiempo. He tenido miedo. He querido huir. Hui. Volví. He amado locamente. Me he dejado llevar. He perdido. Me he tropezado. He aprendido. He llorado. Sonreído. He llorado sonriendo. He visto amaneceres con personas oscuras. He sido salvaje. Me he equivocado en millones de cosas. He querido volver atrás. He querido mirar hacia adelante. He soñado. He vivido.

Y sigo viviendo. Equivocándome en mil cosas más. Pero al fin y al cabo, viviendo.

Tiempo

No tengo tiempo. Pero no tengo tiempo de verdad. ¿Quién dijo que el tiempo se podía tener? Porque si lo tuviera, lo guardaría en un cajón para ir soltándolo a ratos y aprovechándolo bien. Pero es que el tiempo tampoco se aprovecha. El tiempo no se para, el tiempo no se detiene. El tiempo es eso. Tiempo. Y ya. No lo paras, no rebobinas, no pasa más rápido por estar feliz y tampoco pasa lento por no encontrar la salida. Va a su ritmo y siempre es el mismo. El mismo tempo. La misma ansia. El tiempo es solamente una palabra. Es vida. La evolución y sus cambios. Algunos lo usan para hacer el bien. Y otros hieren. Cada uno con su tiempo, pero el tiempo pasa para todos. A algunos les dura más. Y a otros se les acaba pronto.

Pero el tiempo te enseña.

Ángeles de la guarda

Siempre habrá alguien que haga fácil lo que parece imposible. Esa persona que te espera cuando aún no has subido el último escalón, pero no para empujarte ni para hacerlo por ti. Sino para ver cómo lo consigues solo. Porque confía en ti. El que acude a tu rescate sin que te haya dado tiempo a avisar a nadie. Porque esa persona está siempre antes de que puedas pedir auxilio. Siempre tendrás esa sensación de mirarla a los ojos y estar convencido de que el destino existe. El destino es capaz de poner en el momento adecuado a alguien en tu camino para que empiece a formar parte de tus planes, de tus aventuras. De las locuras. De las tardes de cine y palomitas. De las fiestas interminables. De las resacas. De los «no deberías haberme dejado ir». De los «ya te lo dije». De los «la has cagado». De los «lo vamos a arreglar, juntos». Y llega un momento. Un instante. En el que te das cuenta de que no es alguien pasajero. Ese alguien es parte de la familia que eliges, pero no recuerdas el momento en el que la elegiste. Ha entrado en el reducido club de esas personas con las que los silencios no son incómodos. Las despedidas dejan de ser despedidas para ser un «hasta luego».

Siempre hay alguien que hace fácil lo difícil.

Amistad es poca palabra.

Mis ángeles de la guarda.

Antes de ti

Antes de ti, estoy yo.

Porque te quiero,
pero yo me quiero antes.

Carta a mi yo del futuro

Querida yo del futuro:

No es la primera carta que te escribo. Y espero que tampoco sea la última. Las cosas van cambiando y nunca sale nada como planeabas. Deberías saberlo ya. Siempre encontrarás excusas para hacer otra cosa y te seguirás olvidando siempre de lo mismo. Escúchate más. A ti. Cuando leas esto, quiero que intentes mirar atrás y recordar cuándo lo escribiste. Qué se pasaba por tu cabeza. Y que no compares. Porque siempre has querido compararte contigo misma. Y sí, eso está muy bien a veces para mejorar. Pero es que tú coges algo y hasta que no lo exprimes del todo no lo sueltas. Y contigo no puedes hacer eso. No te obsesiones y escúchate. Respira. Espero que cuando leas esto no te duelan las mismas cosas que ahora. Espero que hayas cambiado mucho, porque si no será que no aprendiste lo suficiente. Aprender nos hace cambiar. Y los cambios no son malos, recuérdalo. Evoluciona. Equivócate. Ama. Perdona. Besa. Baila. Salta. Grita. Viaja. Eso. No dejes de viajar y de abrir los ojos para observar cada rincón desconocido. Empápate de buenas energías y sigue queriendo la vida como la quieres. No dejes de llamar a mamá. Ni al enano. Insiste en lo que quieres y no te rindas.

Entre tantos consejos no sé si estoy diciendo demasiado. Qué más da. Si luego acabas haciendo lo que te dice el corazón. Sigue haciéndolo. Sigue amando tus decisiones y poniéndole pasión a todos tus pasos. Así nunca fallarás. Y si fallas, será para aprender.

Querida yo del futuro,
repite conmigo:
quiérete.

Cosas insignificantes

Tienes el poder de hacer que las cosas que crees más insignificantes se conviertan en algo imprescindible para otro. Para aquellos que creen en las cosas pequeñas. En los detalles tontos. En ese gesto que haces sin pensar y sin esperar nada a cambio. Solo porque te apetece. Hay algo dentro de ti que tú no conoces que es capaz de hacer feliz a los que te rodean. Con solo sonreír o enviar una carta. Una canción. Una rosa. Un abrazo en el momento adecuado. Un empujón justo a tiempo. Una llamada a tu madre. A tu abuela. Esas cosas que no piensas se convierten en magia para ellos. La razón para volver a creer y lanzarse otra vez. Para atreverse.

Hagámoslo más. Si tenemos el poder, aprovechémoslo para crear sonrisas. Para que no se rindan. Para que sueñen con lo inalcanzable.

Que al menos yo estaré ahí para hacer cosas (in)significantes.

Palabras azules

La verdad tiene color y es azul. Es ese azul que inspira porque también tiene sonido. Y aroma. El azul huele a mar y sabe a sal. El azul es el color de la inspiración en los momentos débiles. Es el color del perdón en las discusiones. Los «yo también» que acompañan (a veces) a los «te quiero». Es también el color de los sueños que nos atrapan y nos persiguen hasta cumplirlos.

Hay palabras azules que solo son azules para inspirarnos.

Porque el azul del mar inspira.

El azul es la calma.

La única verdad

He creído demasiado en lo que escuchaba. Me he creído hasta mentiras sobre mí sin darme cuenta de que la única verdad es la mía. La que yo cuento. La que yo escribo. La que yo soy.

La única verdad es aquella que a veces no contamos por miedo o vergüenza y se queda dentro de nosotros para protegerse del qué dirán. Es esa que intentamos maquillar antes de pronunciarla para que no sea tan ridícula. La que nos libera cuando la escribimos. Y es entonces cuando te arrepientes de no haberla contado antes.

Las mentiras que escucharás sobre ti son muchas. Demasiadas. Son palabras vacías de desconocidos que afirman cosas que jamás has hecho. Ni siquiera pensado. Son esas que nos llenan de prejuicios. Son esas cosas que al leerlas hacen que te sientas culpable de algo que no has hecho. Sintiéndote responsable de algo que no existe. Contando lo contrario. Llamando sí a los noes. Negando lo evidente.

Así que no te justifiques por algo que no hiciste. No pidas perdón. No dejes que esas mentiras ensucien tu verdad.

La única verdad es tuya. Y de nadie más.

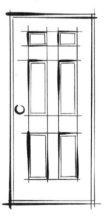

Detrás de la puerta

Voy a confesarte algo. Escuché gritos. Escuché llantos. Escuché esa despedida. Escuché cómo te suplicaba una oportunidad. Cómo te pedía cada noche un cambio. Por mí. Por nosotros. Escuché tu silencio. Vi tu silencio. Escuché la última puerta que cerraste. A mamá llorar. Escuché cómo me culpabas. Y entonces supe que no eras feliz.

Siempre detrás de la puerta,
pero lo supe.

Cicatrices

Hey. Destápala. Quiero verla. Quiero ver tu cicatriz en el pecho sin que tengas vergüenza, porque no es tu culpa. Quiero ver esas ojeras de la noche que pasaste ayer, sin complejos. Tus uñas rotas. Tu pelo sin lavar. Tu mirada a las seis de la mañana. Tus cicatrices.

Hay cicatrices que te hacen más bonita y más real. Que no hay mujer perfecta sin cicatrices. Esas marcas se convierten en parte de ti. Algunas desaparecerán con el tiempo. Otras aparecerán para quedarse. Incluso hay algunas que están pero nadie las ve. Solo tú. Y estoy segura de que algunas hasta las hubieras querido tener siempre.

Quiero ver las marcas de lo que te has reído todo este tiempo. También las bolsas en los ojos. Los ojos rojos de llorar. Me da igual. Eres preciosa. Incluso esa arruga que te sale cuando frunces el ceño. Eres bonita. Con y sin ellas. Pero sobre todo cuando las enseñas.

Las cicatrices no son más que una prueba que demuestra que has vivido. Intensamente.

No existe el final

Tengo la manía de leer siempre cuál es la última palabra de los libros. No sé si tú has empezado también por el final. No sé ni siquiera si habrás llegado a la mitad. Pero si estás leyendo esto tengo que decirte algo.

No creo en los finales. Ni en los principios. Si nos ponemos a pensar seguro que todo aquello que queremos, o todo aquello que nos importa, empezó mucho antes de que lo supiéramos. Si intento buscar una fecha, un día o incluso algún momento concreto en el que decidí borrarlo todo y volver a empezar con este libro, no sabría encontrarlo. Y sí, sé que siempre hay un día que te atreves a pronunciarlo y lo dices en voz alta. Y eso lo recordamos como si fuera el principio o el final (depende de cómo se mire). Pero ¿no cuentan las noches que te tiraste pensándolo y debatiendo con tus contradicciones? Hay cosas que merecen más que un día. Por eso no creo.

Pero mucho menos creo en los finales. No existe el final. No existe porque aunque rompas con eso que amabas, siempre habrá algo que te lo recuerde. Da igual el qué. Puede que una canción. Un olor. Un detalle tan pequeño capaz de remover todo para demostrarte que nunca se fue del todo.

Así que si has llegado hasta la última página de este libro, hasta la última letra, tengo que decirte que no es el final. Que esperes.

O no. Relee. Busca cosas escondidas. Guárdalo y vuelve a leerlo en un tiempo. Te darás cuenta de que aquello que subrayaste, ahora ya no tiene ningún sentido. Y que cosas que ignoraste, de repente, se convierten en todo lo que llevas dentro.

El final no existe porque siempre encontrarás algo, por muy pequeño que sea, que te hará vivirlo como si fuera nuevo.

Hasta pronto.

Sobre la autora

Laura Escanes (Barcelona, 1996). Es modelo e influencer. Desde muy joven ya mostraba interés por la escritura y su pasión por las letras. Actualmente es imagen de varias marcas comerciales y escribe en su blog pequeñas reflexiones, imágenes y vídeos para sus lectores, que cada vez son más. *Piel de letra* es su debut en el mundo editorial.

Blog: lauraescan.es
Twitter: @LauraEscanes
Instagram: Laura Escanes
Youtube: Laura Escanes
Facebook: Laura-Escanes

Este libro
se terminó de imprimir
en el mes de abril de 2020

megustaleer

Descubre tu
próxima lectura

Apúntate y recibirás
recomendaciones de lecturas
personalizadas.

www.megustaleer.club